AF242729

LES
ORPHELINS ARABES D'ALGER

LEUR PASSÉ
LEUR PRÉSENT, LEUR AVENIR.

ŒUVRE

DE LEUR ADOPTION.

Prix : 20 Cents, au Profit de l'Œuvre.

EN VENTE
CHEZ TOUS LES PRINCIPAUX LIBRAIRES.

1875

LES
ORPHELINS ARABES D'ALGER

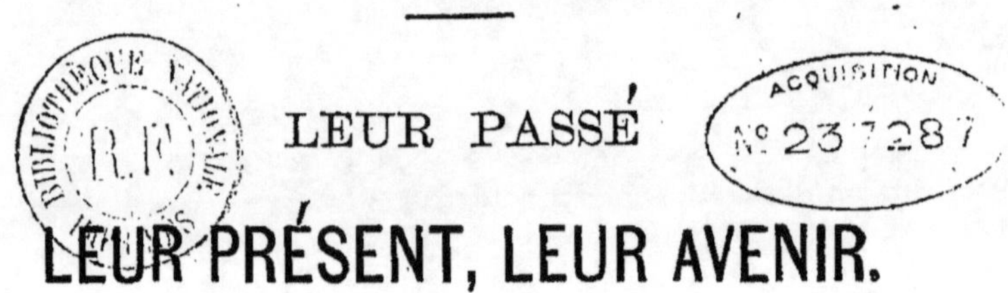

LEUR PASSÉ
LEUR PRÉSENT, LEUR AVENIR.

ŒUVRE
DE LEUR ADOPTION.

Prix : 20 Cents, au Profit de l'Œuvre.

EN VENTE
CHEZ TOUS LES PRINCIPAUX LIBRAIRES.

1875

HOMMAGE AU CANADA.

—

C'est à la population Canadienne que nous dédions ces quelques pages, extraites, en partie, des *Lettres* si remarquables de Mgr. Lavigerie, archevêque d'Alger, et fondateur de la mission d'Afrique.

Les catholiques de ce pays privilégié, Canadiens et Irlandais, ont témoigné à cette mission de si grandes sympathies, que nous regardons comme un devoir de leur donner une idée complète de l'Œuvre à laquelle ils ont bien voulu concourir par leurs aumônes.

Nous venons aujourd'hui demander, à ceux à qui leur position de fortune permet de le faire, de nous aider à compléter cette œuvre de régénération et de salut, en adoptant quelques-uns des pauvres enfants abandonnés dont il est question dans le présent opuscule.

Pendant cette année jubilaire, N. S. Père le Pape, recommande à tous les Fidèles de faire des bonnes œuvres. Quelle Œuvre plus excellente que celle qui consiste à racheter de la mort éternelle l'âme d'un Infidèle, en le faisant entrer dans la Foi catholique ?—Celui qui sauve l'âme de son frère sauve la sienne, dit St. Jacques, et couvre la multitude de ses péchés.

Qu'on lise ces lignes, et, nous en avons la confiance, la cause de ces pauvres orphelins sera gagnée.

F^{x.} CHARMETANT.
A. DELATTRE.

Miss. d'Afrique.

Montréal, le 19 Mars, Fête de St. Joseph, patron de l'Église Universelle.

LES
ORPHELINS Arabes D'ALGER.

LEUR PASSÉ, LEUR PRÉSENT, LEUR AVENIR.

ŒUVRE DE LEUR ADOPTION.

I.

Il y a bientôt huit années, un voile de mort s'étendait sur tout le nord de l'Afrique.

La faim, la peste, tous les fléaux ravageaient à la fois les malheureuses populations indigènes.

Les Arabes mouraient par milliers d'abord : bientôt, par centaines de mille.

Nous étions les témoins consternés de cet affreux spectacle. Les routes qui mènent à nos villes, à nos villages, étaient couvertes d'hommes semblables à des squelettes. Des vieillards, des femmes mouraient sous nos yeux. Des petits enfants erraient abandonnés, en proie à la faim.

Il me sembla, ai-je donc eu tort, oh ! quoi qu'il arrive, je ne le pourrai jamais croire, que c'était le devoir de l'Eglise, le mien, par conséquent, de faire tout ce qui était humainement possible pour soulager ces misères, pour arracher à une mort certaine tant d'infortunés qui sollicitaient notre pitié.

Je jetai alors un grand cri, où l'on a voulu chercher autre chose, mais où Dieu sait bien qu'il n'y avait que le sentiment d'un impérieux devoir à remplir.

La charité de tous les bons catholiques répondit à mon appel: de nombreux secours furent accordés à ces malheureux arabes que la peste et la faim fauchèrent en si grand nombre. Mais il y avait près d'eux des enfants, des orphelins qui semblaient la proie assuré de la mort. A ceux-là il fallait un père.

Dieu m'inspira la pensée de le devenir.

J'en accueillis un d'abord, puis dix, puis enfin tous ceux qui se présentèrent ou que mes prêtres, chargés par moi de ce soin, recueillirent sur les grands chemins de mon diocèse, et, un jour, j'en eus près de deux mille.

J'ai été blâmé, je le sais, et raillé même quelquefois, de ce qu'on appelait mon imprudence ; mais, malgré toutes les peines et les difficultés du passé, toutes les inquiétudes d'un avenir, qui, par moments, me parait sombre, je ne puis me repentir de ce que j'ai fait.

Tout, sans exception, et les soucis et les fatigues, et ce que l'on appelle des espérances humaines évanouies, est compensé par la douceur de cette pensée : Il ne s'est pas présenté à moi, dans ces jours de deuil de l'Algérie, une seule infortune que j'aie repoussée ; il n'est pas venu un de ces pauvres enfants frapper à ma porte ou à celle d'un prêtre chrétien, sans que je lui ait dit: " Mon enfant, je serai ton père ! "

Je les vois encore, ces pauvres petits, nous arrivant couverts de leurs haillons et de leur vermine, décharnés, horribles, avec leurs grands yeux brillants, au fond de leurs orbites, de la fièvre sinistre de la faim. Je me rappelle leurs premiers discours et comme ils me remuaient jusqu'au fond de l'âme ; et il m'est impossible, je le répète, de regretter ce que j'ai fait.

Ce fut au mois d'octobre, 1867, que le premier d'entre eux m'arriva, un petit garçon de neuf ans, à la mine intelligente. Il était exténué.

—D'où viens-tu, mon enfant? lui dis-je.

—De la montagne, loin...... loin.

—Et tes parents où, sont-ils ?

—Mon père est mort. Ma mère est dans son *gourbi* (1).

---

(1) Cabane de branchages où logent les Arabes.

—Et pourquoi l'as-tu quittée ?

—Elle m'a dit : il n'y a plus de pain ici, va-t'en dans les villages des chrétiens ; et je suis venu.

—Qu'as-tu fait pendant la route ?

—J'ai mangé de l'herbe, le jour, dans les champs, et, la nuit, je me cachais dans les trous pour que les Arabes ne me voient pas, parce qu'on m'avait dit qu'ils tuaient les enfants pour les manger.

—Et maintenant, où vas-tu ?

—Je ne sais pas.

—Veux-tu aller chez un marabout (1) arabe ?

—Oh ! non, quand je suis allé chez eux, ils m'ont chassé, et si je ne partais pas assez vite, ils appelaient les chiens pour me mordre.

—Veux-tu rester avec moi ?

—Oh ! oui, je le veux.

—Eh bien, viens dans la maison de mes enfants, je te traiterai comme eux, et tu t'appelleras comme moi, Charles !

Je le mis, en effet, le jour même, à Saint-Eugène, au séminaire. Il est devenu un charmant enfant, plein d'intelligence, de bonté, de piété. C'est lui qui m'a fait, un jour, cette réponse digne de la finesse et du cœur arabe, que j'ai déjà rapportée quelque part, je crois :

—Veux-tu aller retrouver ta mère ? lui demandai-je après la famine.

—Oh ! non, non, je ne veux pas.

—Et pourquoi ?

—Parce que j'ai trouvé un père qui est meilleur que ma mère !

Cette histoire est, au fond, à peu près celle de tous les autres.

Ils étaient dans le même dénûment, le même abandon, et, bien souvent, ils racontaient des choses qui nous faisaient encore autrement frémir.

Un très-grand nombre était déjà, par malheur, si profondément atteint, qu'il ne put résister à ces cruelles épreuves. Le typhus, la peste de la faim, comme on l'a nommé, se mit parmi eux, et, malgré tous nos soins, malgré le dévouement des Sœurs, dont plusieurs succombèrent, nous en vîmes mourir, durant plus de deux mois, dix, douze, et jusqu'à vingt par jour.

---

(1) Prêtre arabe musulman.

Pauvres enfants ! auprès de Dieu, j'en ai la confiance, car ous, sans exception, avant de mourir, ils avaient reçu le baptême, ils prient pour ceux dont la charité a été à leur égard l'instrument des miséricordes divines.

Sauver à nos enfants la vie du corps, c'était bien, sans doute ; mais développer en eux, par les leçons et par l'exemple, la vie morale et religieuse, leur donner avec l'amour et i'habitude du travail le moyen de se suffire, plus tard, houorablement à eux-mêmes ; éclairer leurs esprits de la vraie lumière, rapprocher leurs cœurs de nous et de la Foi chrétienne, c'était, évidemment, mieux encore.

On devait le demander à l'Église, l'attendre d'elle. C'est aussi ce que nous avons tenté, et, je ne crains pas de le dire, c'est, à de rares exceptions près, ce que nous avons déjà obtenu.

Pour le bien prouver, il faudrait, je le sens, prier nos lecteurs de se rendre au milieu d'eux.

Combiem de fois ne l'ai-je pas entendu dire par ceux qui visitaient nos établissements :

—Ah ! pour que la cause de vos enfants fût appréciée comme elle le mérite, il faudrait que le monde catholique put voir ce que nous voyons.

Je ne puis non plus dire dans une lettre tout ce qu'il faudrait pour donner une exacte et complète idée de la réalité. J'essaierai cependant de retracer en quelques mots les premiers résultats obtenus.

C'est à la vie des champs que nous avons exclusivement destiné nos enfants, garçons et filles. C'est au travail agricole et aux arts qui s'y rapportent que nons voulons les former.

Partout l'agriculture me semble préférable pour les enfants du peuple, pour les enfants abandonnés surtout, qui ne trouvent trop souvent dans le travail des villes que les occasions du mal. La vie des champs, qui est vraiment celle de la nature, a le double privilége de donner à l'homme la santé du corps en même temps que celle de l'âme.

Mais si, dans nos vieux pays, on commet une impardonnable faute en enlevant tant d'âmes robustes à la vie agricole pour les pousser vers une démoralisation fatale, il est bien plus clair que pour l'Algérie, où la terre est encore et sera longtemps la seule vraie richesse, pour un peuple enfant comme l'Arabe, les travaux des champs sont ceux qu'il faut préférer.

C'est la conviction qui m'a guidé. Tous mes orphelins, garçons et filles, sont appliqués à ces travaux, dans plusieurs établissements distincts que nous avons fondés pour eux dans la province d'Alger.

Là, sous la direction des Pères, des Frères et des Sœurs, chargés de leur éducation, ils transforment en vignes, en pâturages, en champs de blé, autant que le permettent leurs forces, les terres incultes où nous les avons placés, après les avoir achetées pour eux.

C'était, je dois le dire, aux yeux de quelques-uns, une entreprise au-dessus des forces humaines que d'appliquer au travail des enfants habitués jusque-là au vagabondage de la vie arabe.

—Vous n'en garderez pas un seul, me disait-on : ils se sauveront tous dans leurs tribus, dès que viendront les figues de Barbarie.

Mais j'avais une foi trop ferme dans la puissance de la charité pour me laisser ébranler par ces discours, et l'évènement m'a donné raison.

Quoique nous les ayons toujonrs laissés libres, en plein champ, sans murs, sans barrières, sans portes même souvent à leurs demeures, un très-petit nombre nous a quittés. Presque tous sont restés, restés librement, et se sont formés au travail.

"Je m'étonne, m'écrivait, le 14 du mois dernier, M. Girard,
" le vénérable supérieur de mon grand séminaire, je m'étonne
" qu'en si peu de temps vos établissements aient pu prendre une
" forme si régulière. Ce qui paraît surtout admirable, c'est que
" tous ces enfants, garçons et filles, se soient si bien dissiplinés,
" se soient si bien façonnés au travail. Vous aurez, dans quel
" ques années, dans leurs bras une grande ressource. Le
" travail est devenu comme un amusement pour eux et pour
" elles."

Et dans une autre lettre du 17 du même mois, il ajoutait:
" Toutes les fois que je visite garçons et filles, je suis étonné de
" leur activité, de leur savoir-faire et de l'air gai avec lequel ils
" font les travaux les plus durs. Les passants s'arrêtent pour
" admirer la dextérité avec laquelle les petites filles manient
" la pioche."

La pratique et l'amour du travail ne sont pas les seules vertus que nous voyons grandir dans nos petits Arabes. Ils se son corrigés du vol, du mensonge, tandis que les qualités du cœur qui leur sont naturelles, se développent en eux de la manière la plus touchante ; nous en avons des preuves tous les jours.

Le cœur est, il faut le dire, un puissant, le plus puissant ressort pour relever cette race déchue. Pour la sauver, il suffira d'une seule chose : l'aimer vraiment, d'une manière désintéressée, et le lui prouver en lui faisant du bien.

Mais peut.être me demandera-t-on ce que nous avons obtenu pour la conversion au christianisme de nos enfants d'adoption. Je vais le faire connaître en quelques mots.

Pendant les premières années, nous nous étions imposé la loi de ne baptiser personne, si ce n'est en danger de mort, afin d'avoir le temps de bien préparer ces jeunes cœurs à recevoir la Foi catholique, loin de laquelle ils avaient été élevés pendant les premières années de leur vie.

Mais les enseignements journaliers de nos zélés missionnaires, la charité dont ces pauvres enfants étaient constamment l'objet, eux qui si longtemps avaient été abandonnés de tout le monde, tout cela ne tarda pas à les impressionner, à gagner leur cœur et à leur faire désirer d'entrer dans une religion qui inspirait tant de dévouement et tant d'héroïsme.

Ils demandèrent donc eux-mêmes le baptême avec la plus vive instance. Mais afin de les éprouver plus longtemps nous leur répondîmes qu'ils n'étaient pas encore assez préparés pour recevoir une si grande grâce.

Les efforts qu'ils firent dès lors pour pratiquer la vertu dans toute sa perfection et sa pureté sont inimaginables.

L'un de ceux qui s'étaient le plus fait remarquer par son excellente conduite et sa précoce intelligence tomba gravement malade. C'est lui qui, le premier, a été jugé digne de recevoir solennellement le Baptême avec toutes les cérémonies que l'Église prescrit pour les adultes. Voici dans quelle circonstance le fait eut lieu.

Un jour que, selon ma coutume, j'allais à l'infirmerie de l'orphelinat, visiter nos malades, la Sœur infirmière me fit remarquer ce cher enfant en me louant sa douceur et sa pieté.

Je m'approchai de son lit. Il me prit le bras pour m'attirer et me faire baisser vers lui, car sa voix était déjà bien faible.

—Père, me dit-il, en mettant sa main sur sa poitrine, je suis tout noir là-dedans.

—Que veux-tu dire par là ? mon enfant.

—C'est que mon cœur est noir, parceque je ne suis pas l'enfant de Dieu. Je veux que tu me donnes l'*eau*.

—De quel *eau* parles-tu ?

—Du baptême qui fait l'âme blanche devant Dieu, et... on
va au ciel.

Et en disant cela, il fixait sur moi ses yeux suppliants, et il
portait ma main à ses lèvres.

—Puisque tu le veux, lui dis-je, je vais t'envoyer le Père qui
t'instruira mieux encore et qui ensuite te baptisera.

Il reçut, en effet, le baptême, avec les sentiments d'un pré-
destiné.

Lorsque je retournai le surlendemain et que je lui demandai :

—Eh bien, tu es baptisé ?

—Oui, père, me répondit-il ; mais, à présent, je voudrais le
pain de Dieu.

—C'est la sainte communion, me dit la sœur. Le père lui en
a parlé, et il la demande à chaque instant.

—Qu'est-ce que c'est que le *pain de Dieu ?* dis-je à l'enfant.

—Père, c'est Sidna-Issa (le Seigneur-Jésus).

Je consentis sans peine, comme on le pense, à satisfaire son
pieux désir.

Quelques jours après, comme il s'affaissait de plus en plus, le
Père qui l'avait baptisé lui porta la Sainte-Eucharistie. Il se
passa alors, dans cet enfant, quelque chose de si extraordinaire
que ceux qui en furent les témoins n'en parlent encore qu'avec
étonnement. A la vue de la sainte hostie, le visage de ce petit
Arabe, encore presque sauvage et mourant de la plus affreuse
des maladies, rayonna des clartés de la foi et de l'amour.
C'était comme une lumière qui venait de l'âme et qui trans-
figurait ses traits. Il tendit ses petits bras amaigris hors de son
lit vers l'hôte divin qui le visitait, et lorsque celui-ci fut des-
cendu sur ses lèvres, il demeura comme en extase, fixant le ciel.

Tout le monde autour de lui, sœurs, prêtres, enfants infidèles,
regardaient, avec respect, au milieu de leurs larmes, ce spectacle sublime dans sa simplicité.

J'arrivai quelques moments après. Du plus loin qu'ils me
virent, tous les enfants de l'infirmerie s'élancèrent à ma rencontre.

—Oh ! me dirent-ils en m'entourant, nous voulons tous le
baptême comme Géronymo.

C'était le nom qu'avait pris, par un touchant souvenir du premier martyr arabe, notre petit néophyte.

Sa mort devenait un apostolat.

Je m'approchai de son lit, et, en effet, sa figure était vraiment transfigurée.

—Je vais au ciel voir Jésus, me dit-il.

Peu après, il expira.

Ce privilège d'un baptême solennel, accordé à un petit malade, donna à quelques uns de ces enfants l'idée de mériter la même faveur par le même moyen. L'un d'eux resta près de trois jours sans vouloir prendre aucune nourriture, sous prétexte qu'il était malade lui aussi, et qu'il fallait le baptiser. La supercherie découverte, il fut réprimandé, et embrassa aussitôt une autre voie pour mieux s'en rendre digne.

Dans l'une de nos maisons, celle des orphelines, le désir du baptême s'affirma avec tant d'énergie, qu'elles en vinrent à une extrémité dont j'ai été singulièrement impressionné. J'allais un jour les voir à leur orphelinat de St. Charles. Quand ma visite fut terminée, et au moment de remonter en voiture, je les vis toutes se réunir devant le portail par où j'allais passer. Une fois là, elles me demandèrent le baptême à grands cris. Pour me débarrasser, je renvoyai la décision à une autre fois, et ordonnai au cocher de partir. Ce délai ne faisait pas l'affaire de ces chères enfants qui aussitôt mirent leur petit complot à exécution. Toutes s'agenouillèrent ou se couchèrent sur le sol devant les pas des chevaux, en me disant; " Non, Père, tu ne passeras pas sans nous dire à quelle époque nous pouvons espérer cette grâce ! Voilà plusieurs années que nous travaillons à la mériter : il est temps enfin qu'elle nous soit accordée, que nous cessions d'être les enfants du démon, pour devenir les enfants de Dieu !"

J'étais ému, et leur promis cette fois que désormais, à chaque fête principale, une petite retraite leur serait donnée, à l'issue de laquelle les plus dignes seraient admises au sacrement de baptême.

C'est ce qui a été fait ; et aujourd'hui, spectacle inouï jusquelà dans l'Eglise, plusieurs centaines de Musulmans ont abjuré leurs erreurs et embrassé la foi catholique qu'ils professent depuis avec une grande générosité.

A mesure qu'ils grandissent et atteignent l'âge d'hommes

les aînés de nos orphelins épousent nos plus grandes orphelines, et ressuscitent le mariage catholique sur cette terre autrefois si chrétienne.

Ces mariages sont déjà commencés. C'est là notre œuvre la plus nouvelle, l'une des plus intéressantes, sans contredit, et le couronnement de toutes les autres. La charité de nos bienfaiteurs a droit à ce que je les en entretienne.

II.

Dans l'une des vallées de l'Algérie, on aperçoit depuis près de deux ans, du chemin de fer d'Oran à Alger, un village posé sur les premiers contreforts de collines inhabitées. Un fleuve, le Chéliff, coule à ses pieds. Une petite rivière le borne à sa droite. Sur son emplacement existait autrefois une colonie romaine, chrétienne très-certainement, car en fouillant ses ruines on y a retrouvé le chapiteau d'une de ses Eglises. Il semble même que le christianisme se soit établi dans cette région plus tôt que dans le reste de l'Afrique ; car, à six lieues de là, se trouvent encore, sur l'emplacement d'*Oppidum Tingitii*, les restes parfaitement conservés de l'Eglise catholique la plus ancienne authentiquement datée qui soit dans le monde. Elle porte, en effet, inscrite sur la mosaïque qui lui servait de pavé, la date de sa construction, c'est la 285e année de la province Mauritanienne ou la 323e de l'ère chrétienne, quelques années à peine après que Constantin eut rendu la paix à l'Eglise, et, chose intéressante à plus d'un titre, elle était dédiée aux apôtres saint Pierre et saint Paul.

Mais, depuis, la barbarie a passé, et elle a fait de cette vallée aussi peuplée en ces temps-là que le sont aujourd'hui les plus riches vallées d'Europe, ce qu'elle fait partout, la stérilité et la mort. La première fois que je l'ai traversée, il y a six ans, le chemin de fer n'existait pas encore. Je fus frappé du silence profond et majestueux de ces solitudes. Pas un bruit humain ne venait à nos oreilles. La nuit seulement, on entendait dans les broussailles qui s'étendaient au loin comme une mer sans rivages, le cri aigu du chacal, ou celui de la hyène.

Aujourd'hui, le village dont je parle, forme comme une oasis au milieu de ce désert.

Les maisons séparées les unes des autres, et disposées en rues régulières, en sont modestes, mais elles brillent par leur propreté, ce signe aimable de la civilisation. De jeunes plantations d'*eucalyptus* montrent déjà leur verdure entre les blanches murailles. Une église, humble et blanche comme les demeures qu'elle domine, élève vers le ciel, en signe de conquête pacifique, la Croix qui vient rendre la vie à ces contrées courbées depuis plus de dix siècles sous le joug de la mort. Cette croix a la forme d'une croix primatiale, en souvenir de saint Cyprien, le Primat martyr de Carthage, auquel l'église est dédiée. Devant le village, un vaste jardin divisé en lots correspondant au nombre des familles, avec ses cultures fécondées par deux norias (1) creusés dans le sol. Derrière, un vaste parc, entouré de murs en terre, où l'on enferme le soir les bœufs destinés au labour, les vaches et les chèvres qui fournissent le lait. Tout à l'entour, les buissons stériles, les durs palmiers-nains disparaissent pour faire place aux champs de blé. Partout le spectacle du travail, de l'action et de la vie.

Si vous demandiez à un Européen le nom de ce nouveau village, il vous dirait, c'est Saint-Cyprien du Tighzel (le Tighzel est la petite rivière qui le borde). Mais si vous alliez dans quelqu'une des tribus arabes ou kabyles campées sur la cime des montagnes voisines, et si vous le leur montriez de loin dans la plaine, en leur faisant la même question, ils vous répondraient :

C'est le village des fils du Marabout (les Oulad M'rabout).

Le marabout, c'est moi-même : Ils donnent ce nom, dans leur langue, aussi bien aux prêtres catholiques qu'aux ministres de leurs supertitions. Les fils du marabout, ce sont nos orphelins. Les Arabes me regardent comme le père de ces enfants que j'ai sauvés de la mort, et c'est leur usage de donner aux tribus le nom de celui qui les a fondées.

Dans ce village bâti par nous, nous avons en effet commencé l'établissement de ceux de nos enfants qui sont parvenus à l'âge d'homme. Nous n'avons pas trouvé de moyen plus efficace de tenir nos promesses vis-à-vis d'eux et d'assurer leur avenir, que de les établir à part, en les soustrayant également aux dangers du séjour des villes et à celui du contact des Arabes.

---

(1) Grands puits destinés à l'irrigation des terres en Afrique.

J'ai présidé, au mois d'octobre, à l installation des douze derniers ménages. Ce que nous avons fait pour ceux-là, nous l'avions fait pour ceux qui les avaient précédés. Nos lecteurs jugeront si nous remplissons, comme il convient, notre rôle de père.

C'est la Supérieure de nos Sœurs de Kouba, celle qui dirige l'Orphelinat des Filles, et sous l'autorité et les conseils de laquelle se concluent les fiançailles, qui s'était chargée d'amener elle-même d'Alger, qui est à près de 150 milles, les nouveaux époux. Les jeunes ménages déjà installés s'étaient préparés pour les recevoir. Ils venaient à leur rencontre, et, dès qu'ils les aperçurent, ils les saluèrent des décharges de leurs fusils de chasse. On sait l'amour que l'Arabe a pour la poudre, et je suis témoin que le baptême ne l'efface pas. En même temps que *la poudre parlait*, les cloches faisaient entendre leurs volées argentines, les Pères, les Frères, les Sœurs, fixés à Saint-Cyprien, se portaient à l'entrée du village, et tous ensemble nous nous rendons à l'Eglise, ornée comme pour les jours de fête. Là, après avoir recommandé aux nouveaux venus l'obéissance et l'amour du Dieu qui les a miraculensement arrachés à la mort ; le travail, la paix, la reconnaissance envers ceux dont la charité leur assurait un bien si grand, je faisais tirer au sort par chacun des jeunes couples, la maison, les champs, les bœufs, tout le matériel agricole qui devenait sa propriété. Et enfin, nous mettant en procession à travers le village, nous nous arrêtions devant chaque maison pour en faire prendre possession, selon que le sort en avait décidé, à son propriétaire.

Le soir venu, un feu de joie s'allumait, la poudre parlait encore, trois moutons pris dans le troupeau faisaient avec le couscous les frais du festin des noces, et tous ensemble, de nouveau, nous allions remercier Dieu.

Quelques Arabes des tribus de la montagne étaient venus assister à ce spectacle et prendre part au festin. L'un d'eux, âgé déjà, restait pensif et silencieux après la cérémonie.

—A quoi penses-tu, Ben-Kheïra, lui demanda un de nos Pères ?

—Je pense, dit-il avec son flegme arabe, que depuis que le monde existe, on n'a jamais vu que Dieu et ce marabout chrétien donner ainsi pour rien à des enfants abandonnés, les terres, les maisons et les bœufs. — Abd el-Kader, ajouta-t-il après une pause, avait bien voulu recueillir les enfants des Arabes morts près de lui, durant sa guerre avec les Français, mais il n'a pas pu ; il est parti, et les enfants se sont dispersés... c'était la volonté de Dieu.

Tel est, en général, le sentiment des indigènes des tribus voisines. Ils savent, il est vrai, que ces jeunes gens ont abandonné l'islamisme pour embrasser la foi chrétienne, mais ils savent aussi que nous les avons laissés entièrement libres, que ceux qui l'ont voulu ont pu nous quitter, et ils ne parlent point en mal de la création de notre village.

—C'est le droit du marabout de leur enseigner sa loi, disent-ils pour la plupart. Leur vie est à lui, puisque c'est lui qui la leur a conservée.

C'était écrit, se contentent de répondre les autres.

Mais ce bienfait matériel qui frappe même les yeux prévenus, n'est pas le côté le plus considérable de notre œuvre. Un village de plus ou de moins, en Algérie, est au fond, peu de chose. Ce que nous tentons est surtout un grand exemple. Nous voulons montrer, en effet, en créant un village arabe, et en le rendant heureux à l'ombre de la Croix, ce qu'il est possible d'espérer, un jour, de cette race africaine si profondément déchue.

Voilà pourquoi nous avons fait le premier village : c'est une prédication qui sort de l'ordinaire, mais elle est telle que je la comprends ; des œuvres plus encore que des paroles. Cela est plus pénible et plus difficile, sans doute, mais cela est aussi plus efficace et plus assuré.

Notre village n'a point de gendarmes, ni de prisons, ni même de maire, et, néanmoins, on n'y voit ni troubles, ni désordres. Le travail et la paix y règnent, sous l'autorité de trois missionnaires, à la fois pères et pasteurs de ce petit peuple naissant. La seule loi, c'est l'Evangile, loi d'ordre et de charité tout ensemble Le seul avertissement, la cloche de l'Eglise, qui annonce la la prière, le travail, le repos.

C'est un touchant spectacle que de voir, a son appel, le matin au lever du jour, ou le soir, au moment où la nuit commence, les hommes et les femmes se diriger par groupes vers l'Eglise. Là, sous la présidence d'un Père, ils prient ensemble à haute voix, avec l'accent de la foi et du respect. Ils n'oublient jamais leurs bienfaiteurs des pays lointains. Ils prient aussi tous les jours pour leurs frères musulmans, et d'eux-mêmes ils ont changé la formule de prière pour l'Evêque diocésain. Ils ne disent pas comme partout : " Prions pour l'Archevêque," mais : " Prions pour notre Père." La première fois que je les ai entendus (les mères qui me lisent me comprendront,) je me suis senti payé de toutes mes peines.

La prière faite, le matin, les hommes attellent dans cette saison, qui est celle des labours, les bœufs à la charrue. Ce sont des charrues fixes, perfectionnées, car nous avons tenu à donner au travail de nos enfants toutes les chances de succès, en vue de l'avenir. Nous avons payé un peu plus, il est vrai, que pour faire médiocrement, mais le résultat des cultures frappe déjà les Arabes qui visitent le village.

Chez eux, ces pauvres gens travaillent ou plutôt grattent la terre avec un instrument qui doit être le premier de ceux dont se servit le genre humain. C'est une sorte de gros clou attaché au bout d'une longue pièce de bois, tenue en l'air par un support. Quand ils ont une paire de bœufs, c'est elle qui le traîne ; quand ils n'en ont pas, c'est une vache, un cheval, un âne, quelquefois tout cela ensemble, mais le labour n'en est pas mieux fait. Leurs moissons, sous un climat comme le nôtre, où les plantes ont besoin pour leurs racines d'un abri profond sous le sol, contre les ardeurs du soleil, sont à peu près nulles. Dans les bonnes années quatre ou cinq pour un et c'est tout. Dans les années de sécheresse, rien, pas même de paille. Le blé, à peine sorti, n'ayant pas de racines, est brûlé par le soleil ; alors c'est la famine.

Mais lorsque l'été dernier, ils ont vu leurs moissons perdues, tandis que celles de nos Enfants, déjà installés sur leurs terres, étaient encore abondantes, ils réfléchissaient et ils disaient :

—C'est un meilleur travail que le nôtre.

Les Arabes compensent leur ignorance par leur sobriété. Un peu de galette d'orge, cuite sous la cendre, à midi ; un peu de couscoussou, le soir ; dans la saison, le lait de leurs chèvres, s'ils en ont, leur suffisent. Ils ne mangent que rarement de la viande. Les légumes leur sont inconnues.

Ce n'est pas là le régime de notre village. Le pain de farine de blé est fait à l'européenne par les femmes, et il est cuit dans un four que nous avons fait construire. Le troupeau leur donne du lait, le jardin, des légumes en abondance.

Ce sont les femmes qui le cultivent, car toutes ont appris à l'orphelinat à travailler la terre. L'eau des norias permet de faire venir presque toutes les plantes potagères de France, et nous allons profiter de l'hiver, pour border les allées de grenadiers, d'orangers, de bananiers, de figuiers, et des autres arbres fruitiers d'Afrique, les premiers probablement qu'on aura vus dans ces quartiers depuis des siècles.

Les Sœurs de la Mission d'Afrique dirigent ces travaux, pendant que les hommes se répandent dans les champs pour y suivre les leurs.

Avec leur costume blanc, le voile blanc qui couvre leur tête comme celui des femmes arabes, leur grande croix rouge sur la poîtrine, courbées sur la terre qu'elles cultivent en priant, elles semblent l'apparition d'un autre âge et font penser aux vierges qui peuplaient, il y a quatorze siècles, les solitudes africaines.

Mais bientôt les soins du ménage réclament les femmes. Il faut que le mari, en rentrant, trouve prêt son repas frugal. Elles rentrent dans leurs demeures où l'ordre et la propreté tiennent lieu d'ornement. Des soins plus doux et plus graves encore tout ensemble occupent déjà la plupart de celles qui sont mariées depuis deux ou trois années. Aujourd'hui elles sont devenues mères. C'est déjà une seconde génération, qui profitera des bienfaits de la charité et apprendra à la bénir. Celle-là n'aura jamais été que chrétienne et Française. L'Œuvre alors sera complète, elle marchera seule sous les regards de Dieu.

Mais pendant que tous les habitants du village travaillent au dehors, les trois Pères Missionnaires font l'école à quelques pauvres enfants recueillis par eux, ou soignent les malades qui arrivent de toutes parts. C'est là, en effet, auprès des indigènes, leur principal ministère. Une des maisons du village, placée en dehors des autres, est destinée à secourir ces pauvres infirmes. Une pharmacie y est installée. La bonté simple et patiente surtout des Missionnaires, et disons-le aussi, la gratuité des remèdes, y attire des Arabes des montagnes environnantes. On en porte même, de fort loin, en croupe, sur des mulets ou sur des chevaux. Ils entrent, et on les soigne. A certains jours où ils sont plus nombreux, les Pères les rangent en ordre au dehors, et s'agenouillant devant eux sur la terre nue, ils pansent leurs plaies.

C'est vraiment un touchant spectacle, celui que présentent ainsi, dans toutes les stations où ils résident, nos jeunes Missionnaires. Les indigènes eux-mêmes les admirent, sans les comprendre encore, il est vrai.

—Pourquoi font-ils cela, disent-ils entre eux? Nos pères et nos mères eux-mêmes ne le feraient point !

Un officier français, d'un rare mérite, mort prématurément depuis, me disait un jour :

—Vraiment, en voyant ces Pères avec leur costume oriental, entourés de ces pauvres indigènes, on croirait assister à une scène de l'Evangile. C'est ainsi que les malades devaient entourer Jésus-Christ et ses Apôtres, dans la Judée.

N'est-ce pas d'ailleurs du Sauveur des hommes qu'il est ecrit : " Il a été envoyé aux pauvres... Il a guéri les malades." Et encore : " Il guérissait toutes les maladies et toutes les infirmités du peuple."

Notre-Seigneur faisait, il est vrai, des miracles de puissance ; mais renoncer à tout, à son pays, à ceux que l'on aime, à un avenir brillant peut-être, pour venir ici vivre pauvre, outragé souvent, et il faut dire, par les mauvais chrétiens surtout, se faire le serviteur des pauvres barbares, soigner leurs plaies les plus rebutantes, n'est-ce pas un miracle de charité ?

Les Arabes l'entrevoient. Ils sont pleins de respect pour nos Missionnaires. Ils ne se contentent pas de leurs remèdes. Ils leur demandent leurs bénédictions et le secours de leurs prières, et ils leur disent quelquefois :

—Tous les chrétiens seront damnés, mais vous autres, vous ne le serez pas. Vous êtes croyants au fond de votre cœur. Vous connaissez Dieu, et vous faites plus de bien que nous !

Mais je ne veux point terminer ce court exposé des résultats déjà obtenus sans faire connaître ce qui surtout nous remplit de consolations et d'espérances.

Bien que le mariage soit la vocation commune de nos enfants, tous ne se destinent pas à ce genre de vie. Parmi les plus âgés, une dizaine de jeunes hommes et autant de jeunes filles ont refusé de contracter ces liens : ils ont demandé au contraire à embrasser la vie religieuse en qualité de Frères et de Sœurs de la Mission d'Afrique. On peut dire que leur grand esprit de foi, leur piété, leur régularité en ont fait les modèles de nos communautés.

Il y a en outre un certain nombre de ces jeunes orphelins qui sentent déjà et manifestent la vocation de l'apostolat au milieu de leurs peuples. Chaque fois qu'on leur demande ce qu'ils veulent être plus tard, ils répondent :

—Je veux être prêtre comme toi.

Déjà, depuis quelques années, soixante-douze des plus intelligents et des plus sages parmi ceux qui manifestent ce désir, ont été séparés de leurs petits camarades et placés dans un établissement spécial où, tout en continuant leurs travaux champêtres, ils poursuivent leurs études littéraires, et se préparent, par la pratique de la vertu et l'étude de la science, à devenir les apôtres de leur race.

C'est un Petit-Séminaire, comme il n'y en a pas certainement au monde, composé tout entier de fils de Musulmans qui demandent le sacerdoce catholique.

Je recevais un jour la visite, dans cette maison, de l'un des plus distingués et des plus riches propriétaires de l'Algérie, M. de R***.

Il m'exprimait, comme bien d'autres, la crainte que nous ne puissions rien obtenir de nos enfants.

—Je vais vous en faire juge vous-même, monsieur le Baron, lui dis-je.

Et j'envoyai chercher quelques uns de ces petits orphelins.

Lorsqu'ils furent arrivés, nous les interrogeâmes. Parmi eux se trouvait un enfant de neuf à dix ans, celui-là même qui, depuis, à eu l'honneur d'être reçu par le Saint-Père, et d'être baptisé à Rome par le Cardinal Bonaparte (1).

---

(1) Voici comment, à cette même époque, l'*Univers* racontait la charité de Pie IX envers nos petits orphelins :

" On nous écrit de Rome, le lundi, 10 Janvier.

Hier avait lieu, dans l'église de la Trinité, an mont Pincius, une touchante cérémonie qui avait attiré en foule la population romaine et les catholiques de tous les pays qui se trouvent actuellement à Rome.

Un prince de l'Eglise, S. Em. le Cardinal Bonaparte, présidait cette réunion solennelle, dont les héros étaient deux pauvres enfants de l'Afrique musulmane, qui venaient demander à recevoir le baptême.

Les deux jeunes *Abd-el-Kader-ben-Mohamed* et *Hamed-ben-Aïcha* étaient, en effet, arrivés à Rome, en compagnie d'un prêtre d'Algérie. Orphelin de père et de mère, restés seuls sans ressources et sans appui durant la famine, ils avaient été recueillis, sauvés de la mort par l'archevêque d'Alger, avec près de deux mille autres.

A peine arrivés, les deux enfants étaient reçus par le Saint-Père, sur la demande de l'archevêque d'Alger, qui les lui présentait, et là, entre ce prince, le plus grand du monde, et ces deux pauvres enfants inconnus, devant cet

—Et toi, Louis, lui dis-je, que veux-tu être quand tu seras grand ?

—Moi, dit-il sans hésiter, je veux être prêtre.

—Et pourquoi veux-tu être prêtre ?

—Pour aller prêcher aux Arabes.

—Et que leur diras-tu ?

—Je leur dirai : regardez-moi, me reconnaissez-vous ? Je suis Ahmed-ben-Aïcha, un Arabe comme vous. Avant, j'étais sauvage comme vous l'êtes ; je demeurais dans un gourbi. A présent, je suis devenu chrétien. Si vous voulez être heureux et aller au ciel, faites-vous chrétien comme moi.

Mon noble visiteur était confondu de ce langage, et moi aussi, je l'avoue. Mais, lorsque je me le rappelle et que je le médite, je me dis que les enfants qui pensent et parlent ainsi, seront, un jour, les vrais sauveurs de leur peuple. Pour le sauver, en effet, je l'ai dit déjà, il faut l'aimer, et eux, ils l'aimeront de ce

---

archevêque missionnaire, se passait une de ces scènes émouvantes dans leur simplicité, dont le Vatican est presque tous les jours le témoin.

Le Pontife interrogeait doucement les enfants.

Il leur demandait leur nom, leur âge, leur patrie, et quand ils eurent répondu :

—Voyons, mes enfants, leur dit-il, connaissez-vous la religion ?

—Oui, dit l'un d'eux, sans hésiter.

—Ah ! vous savez le catéchisme ; eh bien, dites-moi les commandements de Dieu ?

Les enfants récitèrent sans broncher tout le décalogue.

Ils étaient bien émus, cependant, et ils ne parlaient pas bien haut, et le bon Pie IX se penchait tendrement vers eux, approchant son oreille pour mieux entendre, et leur disant avec un sourire :

—Voyez-vous, mes enfants, je suis vieux maintenant et je commence à ne plus aussi bien entendre.

Il ajouta plusieurs autres questions, auxquelles les jeunes Arabes répondirent avec la même assurance. Puis, il y eut un moment de silence, et l'un des enfants dit au Saint-Père :

Très-Saint-Père, nous vous demandons une grâce, c'est de recevoir le baptême ; Monseigneur ne veut pas encore nous le donner.

L'archevêque était debout près du souverain Pontife, tout attendri de cette scène qui était le plus doux couronnement de son œuvre.

—C'est vrai, Très-Saint-Père, dit-il, je crois prudent d'éprouver mes enfants jusqu'à l'âge de discrétion ; mais ceux-ci sont bien disposés et assez grands pour savoir ce qu'il font. Ils n'ont plus d'ailleurs de parents ni d'autres famille que moi.

—Voyons, dit le Pape, en s'adressant aux enfants, savez-vous bien ce que c'est que le baptême, quelles obligations il vous impose ? Si vous retournez en Afrique, les Arabes vous persécuteront peut-être un jour parce que vous serez chrétiens.

—Ah ! Très-Saint-Père, s'écria de suite le plus âgé des deux, si on nous coupe la tête, cela ne fait rien, nous irons tout droit au ciel.

Pie IX passa tendrement sa main vénérable sur la tête de l'enfant pour le

double amour qu'inspirent aux âmes ardentes et généreuses la patrie du temps et la patrie de l'éternité.

III

Voilà le passé et le présent.

Il me reste à parler maintenant de l'avenir de notre œuvre.

Nos projets sont simples et pratiques : ils consistent à continuer, à généraliser autant que possible ce qui déjà existe.

Le rapide exposé qui précède peut donner une idée du bien déjà fait, de celui qui reste à faire. Il établit en même temps l'ensemble de ce que j'appellerai l'*Œuvre de nos Arabes Chrétiens.* C'est une œuvre à tous les points de vue, une œuvre d'exemple, une œuvre de charité, de foi, de civilisation.

On la vu, à mesure que nos orphelins arrivent à l'âge d'hommes, ils se marient, et nous les établissons dans des villages

---

récompenser de sa belle parole, et, se retournant vers l'archevêque, il lui dit :

—Faites-les baptiser à Rome, ce sera pour eux un grand souvenir, et pour vous une joie et une récompense.

L'archevêque s'agenouilla devant le Pape, avec ses deux enfants d'adoption pour le remercier ; mais Pie IX, allant à son secrétaire, y prit deux écrins et les donnant aux enfants :

—Tenez, voilà un souvenir du Pape.

—C'est la Sainte Vierge ! dirent les Arabes.

C'étaient en effet, deux beaux camées représentant la Mère de Dieu.

Dès qu'ils furent sortis de l'audience, l'enfant qui s'était montré si heureux d'obtenir le baptême, même au prix du martyr, sautait de joie en disant :

—Oh ! que le Pape est donc bon ! Vous êtes bon, Monseigneur, mais le Pape est meillenr que vous.

Telle est la touchante histoire que Mgr. Lavigerie lui-même racontait à l'auditoire qui se pressait autour de l'Eglise de la Trinité-des-Monts, dans l'allocution qui précède le baptême.

Les cérémonies commencèrent. Les deux catéchumènes, vêtus du blanc costume arabe, ayant à côté d'eux leurs parrains et leurs marraines, étaient aux portes de l'église, suivant la rubrique.

C'est là que le Cardinal Bonaparte, revêtu des ornements pontificaux, alla les prendre pour les introduire dans le sanctuaire.

Lorsque le pieux prélat reparut, traversant la foule des fidèles, en tenant les deux néophytes, chacun par une main il y eut dans toute l'assistance une sorte de commotion soudaine comme le spectacle des œuvres de la bonté de Dieu en donne quelquefois à ses serviteurs. Toutes les âmes accompagnaient ces deux âmes qui marchaient si généreusement vers leur régénération.

A la fin, selon l'usage, on alluma les deux cierges symboliques et on les mit entre les mains des deux nouveaux chrétiens. C'était fini, désormais ils avaient reçu le feu de l'amour et la lumière de la vérité !

Le marquis Patrizzi, neveu de S. Em. le cardinal-vicaire, était parrain de l'un des enfants ; Mgr. Soubiranne, camérier secret de Sa Sainteté, était parrain

construits exclusivement pour eux, à nos frais, ou plutôt aux frais de la charité catholique qui seule, jusque-là, est venue à notre aide.

Chacun de ces villages d'Arabes chrétiens devient pour les Mahométans, au milieu desquels ils s'élèvent, comme autant d'éloquentes prédications, car ils forment là, à toujours, des centres de travail, de lumière, de vie en un mot.

Mais si la construction de ces villages est indispensable pour établir définitivement une population chrétienne au sein même de cette race Arabe, si longtemps déshéritée, elle devient pour notre œuvre une charge bien lourde. On ne se figure pas ce qu'est une semblable dépense. Si l'on veut bien récapituler : l'achat des terres, la construction de quarante maisons (c'est le nombre actuel de celles de Saint-Cyprien), de l'Eglise, de l'habitation des Pères, de celle des Sœurs, on arrivera à un chiffre presque effrayant. Et cependant, il faut y ajouter en-

---

de l'autre, au nom de *l'OEuvre des Ecoles d'Orient*. Mme. la princesse Rospigliosi et Mlle. Happers, nouvelle cenvertie qui appartient à une riche et grande famille américaine, étaient marraines des deux *néophytes de Pie IX*.

Pendant que la foule s'écoulait, un autre jeune Arabe qui se trouvait dans l'église, pleurait silencieusement, appuyé sur l'un des piliers.

—Pourquoi pleures-tu ? lui demanda un évêque qui avait assisté à la cérémonie.

—Parce qu'on n'a pas voulu me baptiser comme les deux autres.

—Et pourquoi n'a-t-on pas voulu te baptiser ?

—Je l'ai demandé ; mais comme ma mère vit encore en Afrique, bien qu'elle m'ait abandonné, on m'a dit qu'on ne me baptiserait que quand je serai plus grand, à moins d'avoir sa permission.

Telle est, en effet, la loi de l'Eglise, elle allie à l'amour des âmes le respect de l'ordre établi par Dieu, alors même qu'il en coûte le plus à son cœur, et elle ne fait valoir ses droits de mère et de reine que sur les âmes marquées par le sceau du baptême.

Tout le soir de ce jour, dans les familles d'étrangers chrétiens, on s'entretetenait de la cérémonie du matin et des grandes œuvres établies en Afrique sous l'inspiration de l'Eglise, et j'entendais citer une parole de l'archevêque d'Alger par laquelle je terminerai tout ce récit.

—Combien vous faut-il donc, demandait-on à ce prélat, pour faire vivre tous les enfants que vous avez recueillis ?

—Il me faut trois cent mille francs par année, (60,000 piastres).

—Et pour combien de temps avez-vous encore des ressources ?

—Pour trois ou quatre mois environ.

—Et une semblable situation ne vous inspire pas de crainte ?

—Humainement, si ; —mais j'ai un motif de confiance supérieur aux craintes humaines. Le Pane Pie IX m'a assuré, dans un admirable Bref, qui a été rendu public, que les ressources ne me manqueraient pas et que les vrais chrétiens me viendraient toujours en aide. Là-dessus, je dors tranquille, ajouta-t-il en souriant, parce que j'ai la foi et que je sais que la promesse du Pape ne me trompera pas.

core les bœufs, les charrues, le matériel agricole à fournir à quarante ménages.

Toutes nos ressources disponibles y ont passé; nous ne nous sommes arrêtés que lorsque nous avons vu que nous allions faire des dettes. C'est une loi sacré que je me suis imposée de n'en point avoir autant pour l'honneur de mon ministère que pour la sécurité de nos œuvres dans l'avenir. Plutôt que d'en contracter et de nous placer ainsi entre les mains de créanciers qui pourraient ruiner notre œuvre, nous nous sommes imposé, dans nos orphelinats et nos stations de missionnaires, les privations les plus dures.

Mais ce premier village, qui déjà existe, est aujourd'hui insuffisant: nous avons d'autres jeunes gens baptisés qui attendent et qui demandent le même bienfait. Il a donc fallu entreprendre, cette année même, la création d'un second village pour recevoir les nouveaux ménages qui vont se former. Après ceux-là d'autres viendront à leur tour, car les enfants arabes que nous avons pu recueillir et que la charité nous a permis d'élever dans la Religion Catholique sont presque au nombre de huit cents. Qui pourrait dire et prévoir les fruits d'une telle œuvre si ce nombre pouvait être augmenté.

Ce ne sont pas certes les orphelins ni les enfants abandonnés qui nous manqueraient; les tribus en sont pleines, et les missionnaires dans toutes les stations où ils se trouvent, sont même obligés, faute de ressource, de refuser ceux qui se présentent d'eux-mêmes ou qui sont offerts par les tribus ! c'est là sans contredit l'épreuve la plus pénible au cœur de l'apôtre. Il lui est dur en effet de se trouver dans l'impossibilité d'ouvrir à l'enfant malheureux et délaissé la porte de sa demeure comme celle de son cœur, afin de lui donner le double bienfait de l'assistance matérielle et de la naissance spirituelle à la vraie Foi.

Telle est l'œuvre que nous voudrions faire aujourd'hui, et que nous osons proposer aux familles aisées, aux maisons d'éducation, aux communautés religieuses, d'entreprendre avec nous.

Jusqu'à ce jour, c'est grâce aux aumônes de la charité catholique que nous avons pu recueillir, et ensuite nourrir, vêtir, élever nos enfants, acheter les terres sur lesquelles ils sont établis, bâtir le premier village qu'ils habitent, le second qui leur est destiné, pourvoir en un mot aux nécessités du présent, et dans une certaine mesure à celles de l'avenir.

Est-ce que la Charité, mère de notre œuvre, ne pourrait pas la généraliser encore, et multiplier ces fruits de salut qui déjà commencent à se produire dans cette pauvre Afrique, partie si intéressante, mais si longtemps abandonnée, du jardin de l'Eglise ?

Telle est la question qui bien souvent nous est posée.

La réponse n'est pas douteuse si mes lecteurs ne consultent que la générosité de leur cœur et le zèle de leur foi.

Ils apprécient trop en effet les libéralités de toutes sortes dont ils sont l'objet de la part de Dieu pour que leur âme reste dure et insensible en face du malheureux état de ces peuples moins favorisés.

J'ai donc pensé que ces pauvres petits Arabes pourraient trouver un père, une mère d'adoption parmi les pieux chrétiens d'un pays si catholique, si privilégié.

Combien n'y en a-t-il pas, en effet, parmi eux, que Dieu a favorisés des biens de la fortune et qui ne cherchent que l'occasion d'en faire un bon usage ?

Cette occasion elle se présente ici, avec toutes les conditions qui peuvent la rendre digne de leurs sympathies.

Si ces pauvres enfants dont je plaide la cause étaient adoptés, quels résultats immenses seraient obtenus, et pour eux, et pour la régénération de ces malheureuses contrées, où le démon, pendant douze siècles a pu régner en maître souverain !

Ce que je propose tout d'abord, c'est de sauver de la mort éternelle de jeunes infidèles, doublement délaissés, à qui cependant il est plus facile d'enseigner la vérité, et, avec eux, de sauver peut-être l'avenir de toute leur race.

Ces enfants seront, en effet, les prémices de la rénovation de leur peuple, des prémices, qui après tant de siècles de barbarie, se trouveront placés par la Providence entre les mains d'une religion, qui, pour la plupart, fut celle de leurs pères (1).

Et pour assurer cette œuvre, il suffit que quelques familles chrétiennes, quelques communautés, quelques maisons d'éducation adoptent, chacune, un de ces enfants, en nous fournissant les ressources nécessaires pour les recevoir dans nos maisons où nous pourrons les former à la vie chrétienne, leur donner

---

(1) Les deux tiers de la population indigène du Nord de l'Afrique appartiennent à la race Kabyle ou Berbère dont les ancêtres étaient chrétiens.

des habitudes de travail, afin qu'ils deviennent à leur tour le noyau d'une population indigène régénérée et transformée.

J'ai hâte de le dire, les frais nécessaires à une si belle œuvre ne seraient pas bien considérables.

Chacun de nos orphelins dépense, tout compris, environ $3.00 (16 fr.) par mois, soit $40.00 (200 fr.) par année.

Quand ils nous arrivent, ces pauvres enfants ne sont ni assez forts ni assez habitués à la culture pour nous permettre de trouver dans leur travail de quoi fournir à leur subsistance. Il s'écoule toujours à peu près cinq années avant que nous obtenions un résultat si désirable.

Ce serait donc pour chaque enfant qu'on voudrait sauver en lui procurant le bienfait d'une éducation chrétienne, $200 une fois pour toutes, ou en cinq annuités, soit $40 chaque année pendant cinq ans.

Quoique éloigné de ses bionfaiteurs, l'enfant adopté serait mis immédiatement en relations avec eux. Nous enverrions aux bienfaiteurs le nom arabe, l'âge, la petite histoire et le portrait photographique de l'orphelin placé sous leur protection spéciale. Ils seraient priés de désigner le nom chrétien qu'ils désireraient lui voir porter désormais. Les enfants leur écriraient lorsqu'ils sauraient écrire. En un mot, leurs parents adoptifs pourraient les suivre de loin durant le temps de leur éducation, et les voir arriver ainsi à l'âge où ils se suffiront par eux-mêmes, où ils seront vraiment sauvés.

En outre, les personnes, les familles ou les communautés qui prennent ainsi à leur charge un de ces petits infidèles pour le sauver, sont de droit *bienfaitrices* (1) de l'œuvre des missions d'Afrique. Ce titre les lie à l'œuvre *à perpétuité*. Pendant leur vie et après leur mort ils ont part aux prières et aux bonnes œuvres qui se font dans la mission dont ils ont été les protecteurs, aux mérites de ceux qui y travaillent, et, devant Dieu, au salut de l'enfant qu'ils auront adopté, et qu'ils contribue. ront ainsi à sauver de la mort éternelle.

J'ai la confiance que cette pensée trouvera de l'Echo dans beaucoup de cœurs catholiques de ce noble et généreux pays.

Quelle source de grâces et de bénédictions ce jeune Maho.

---

(1) Un diplôme d'aggrégation leur conférant ce titre sera délivré à tous nos Bienfaiteurs.

métan, ainsi racheté et devenu chrétien, attirera sur ses bienfaiteurs !

Pères et mères de familles qui travaillez avec tant de sollicitude
à augmenter l'héritage de vos enfants, songez que le meilleur
héritage que vous puissiez leur laisser est celui de la Foi, car
ce n'est pas la fortune qui rend heureux, mais seulement la
paix avec soi-même et avec Dieu. Or, quel moyen plus assuré
de conserver la Foi dans vos cœurs et au sein de vos familles
que de la faire procurer à de pauvres petits Infidèles qui en
ignorent les bienfaits ? Songez aussi que cette aumône qui
vous est demandée ne lésera pas vos intérêts, car l'aumône
(surtout celle qu'on fait pour le salut d'une âme) n'a jamais
appauvri. C'est au contraire, l'expérience le prouve, le secret
de rétablir et d'assurer le succès de ses affaires temporelles.

Et vous que la douleur a visités, en enlevant à votre affec-
tion un père ou une mère, un frère ou un enfant, une sœur
ou un époux, vos pensées tournées vers le Ciel demandent à
Dieu miséricorde pour celui qui n'est plus. Vous pouvez, si
vous le voulez, associer à vos prières la prière innocente d'un
enfant, où plutôt vous pouvez faire de cet enfant une prière
vivante et perpétuelle sous le regard de Dieu, en le sauvant,
en faisant revivre en lui le nom que vous aimiez et qui est
aujourd'hui l'objet de vos larmes.

Que d'autres encore, poursuivis par d'autres sujets d'inquiétudes ! Que de cœurs de mères pleins d'angoisses pour l'avenir
de leur fils ou de leur fille ! Elles peuvent offrir à Dieu, dans
l'un de ces petits abandonnés que nous demandons à recueillir
en son nom, comme la rançon de leur enfant, et je ne crain-
drais pas de leur dire ce qu'un vieil évêque de cette même
Afrique disait autrefois à la mère d'Augustin : " Il est impossible que le fils, non pas seulement de vos larmes, mais de
votre charité, ne soit pas protégé de Dieu."

Je compte aussi, pourquoi ne le dirai-je pas en terminant,
sur le concours des enfants chrétiens. Ils font des prodiges de
charité pour les petits enfants de la Chine, et ils ont raison.
Pourquoi n'en feraient-ils pas aussi pour les petits infidèles de
l'Afrique, qui sont encore plus malheureux et plus délaissés.

Sans doute ils ne sont pas assez riches, la plupart du moins,
pour adopter, chacun, un orphelin ; mais dans leurs écoles,
leurs pensionnats, leurs colléges, ils pourraient se réunir sous

la direction de leurs maîtres ou de leurs maîtresses, dont le zèle comprendra la grandeur et la beauté d'une telle œuvre. Avec quelques centins par mois, s'ils sont assez nombreux, ils auront ainsi leur petit protégé auquel ils donneront son nom chrétien, et dont le portrait et l'histoire leur seront envoyés.

P. S.—Pour demander d'adopter un enfant, s'adresser :

1° Soit à M. Dufresne, Chanoine à l'Evêché de Montréal.

2° Soit à M. Martineau, au Séminaire de Montréal.

3° Soit aux RR. PP. Charmetant et Delattre.

4° Soit directement au Supérieur des Missions d'Afrique, rue du Faubourg St. Honoré, 248, à Paris.

9 782013 435611